দুই চক্ষুর অন্তরালে একটি উদাসীন চক্ষু

সিদ্ধার্থ ভট্টাচার্য্য

পরমাত্মার দৈবিক কৃপায় পরিচালিত হয়, আমি পরমতত্ত্বান্বেষীদের জন্য এই পুস্তকের লেখনি ধারণ করি। আমার পরমারাধ্য মাতৃদেবী কনিকা ভট্টাচার্যের প্রতি শ্রদ্ধা স্বরূপ আমি এই গ্রন্থটি মূল তত্ত্ব-জ্ঞানপিপাসু ও উৎসুক্যকারী সত্যান্বেষী এবং স্ব-অনুসন্ধানকারীদের সম্মুখে উপস্থাপন করতে পেরে খুবই আনন্দিত বোধ করছি। এই পুস্তকটি একদিকে যেমন মায়ার মুখ্য প্রবেশদ্বার হিসাবে শারীরিক চক্ষুর মাধ্যমে চেতনার বিভিন্ন স্তরের অনুনাদ অন্যদিকে সদাজাগ্রত চিরন্তন আমিত্বের এক উদাসীন ও পর্যবেক্ষনকারী দ্রষ্টা চক্ষুকে ধ্বনিত করে।

আমি আশা করি এই সামান্য গ্রন্থ খণ্ডটি আধ্যাত্মিক সত্যের জ্ঞানালোক প্রাপ্ত বোধ অনুসন্ধানে সহযোগী রূপে কাজ করবে কারন নিজ অভিজ্ঞতা ব্যতীত সত্য কখনই সত্য নয়।

বিষয়বস্তু

ভূমিকা

নক্ষত্রখচিত আকাশ এবং আমাদের পারিপার্শ্বিক নিপুন
শৃঙ্খলা ও শৃঙ্খলময়তা দেখে মনুষ্যজগৎ

বৃস্মিত এবং কুর্নিশ জানাই সেই সমস্ত কার্যকরণের সদা
সক্রিয় অতিকারক স্বরুপ মহাজাগতিক

বুদ্ধিমত্তাকে। বিজ্ঞানের আশীর্বাদে মানবজাতি আজ বহু
রহস্য অনাবৃত করেছে, তথাপি অতি

কার্যকারক সারবস্তু অদ্যবধি অধরা রয়ে গেছে যে রুপ
সূর্যরশ্মি কখনোই সূর্যকে আলোকিত করে

না। সুতরাং এই সংক্ষিপ্ত রচনা মাধ্যমে মায়া ও ব্রহ্ম রুপে
অভিব্যক্ত জগত এবং অতীন্দ্রিয় জগত

ব্যাখ্যায়িত হয়েছে। মায়া পর্যবেক্ষণের জন্য আমাদের চক্ষু
যুগলের দক্ষতা এবং ব্রহ্মের অতি কার্য-

কারনিক অস্তিত্বময় অদৃশ্য জগতকে উপলব্ধি করার ক্ষেত্রে
অদৃশ্য তৃতীয় নেত্র তথা জ্ঞানচক্ষুর

কার্যক্ষমতা পরীক্ষামূলক ভাবে উপলব্ধির সাথে বর্ণিত হয়েছে। তবে গ্রন্থের কোন ব্যাখ্যা কখনোই

চরম সত্যকে উপলব্ধি করার পক্ষে যথেষ্ট নয়, বরঞ্চ পাঠক পাঠিকাদের চরম সত্যকে

পরীক্ষামূলকভাবে অনুধাবন করার জন্য আধ্যাত্ম বিজ্ঞানে প্রবেশের ক্ষেত্রে উদ্দীপ্ত করবে।

1

১. প্রাণী এবং মনুষ্য চক্ষুর দর্শন ক্ষমতা

চোখ বলতে, আমাদের মানসপটে রক্তমাংস সমন্বিত শারীরিক চোখের একটি চিত্র উত্থাপিত হয়। এই চক্ষুদ্বয়ের মাধ্যমে অন্যান্য প্রাণী সহ মানবজাতি তাদের সাথে সম্পর্কিত চেতনার বিভিন্ন মাত্রা অনুসারে জীবের নানাবিধ কার্যকলাপের সাথে উদ্ভাসিত জড়জগৎ এবং ব্রহ্মাণ্ডকে পর্যবেক্ষণ করে। চক্ষু যুগল শুধুমাত্র এই সমস্ত বিষয়ে পর্যবেক্ষণ করতে সক্ষম- যেখানে প্রতিচ্ছবি যুক্ত আলো থেকে কর্নিয়া, অ্যাকুয়াস হিউমার, পিউপিল, লেন্স ভিট্রিয়াস হিউমার এর মধ্য দিয়ে যায় এবং অতঃপর একটি চিত্র রূপে রেটিনার উপর দৃষ্টি নিবন্ধীকৃত হয়, ফটো রিসেপ্টর গুলি সক্রিয় হয় বৈদ্যুতিক সংকেত তৈরি করে, যা মস্তিষ্ক স্থিত অপটিক লোবে পৌঁছায় এবং বস্তু দৃশ্যমান হয়। কিন্তু যদি আমরা মনে করি কোন বস্তুকে চোখের মাধ্যমে দীর্ঘ দর্শন পদ্ধতিতে পর্যবেক্ষণ করতে, সে ক্ষেত্রে জৈব রাসায়নিক তরল এবং স্নায়ুকোষ গুলি যথেষ্ট। তবে মনে সচেতনতা ছাড়া দর্শনের ইচ্ছুক কোনও নির্দিষ্ট বস্তু দৃষ্টিগোচর হয় সম্ভবপর নয়।

বস্তু দৃষ্টি সংবেদন হওয়া সত্ত্বেও বস্তুগত জ্ঞান অধরা থেকে যায়। মনে করো, কোন দেওয়ালে ঝুলন্ত একটি সুন্দর চিত্র রয়েছে এবং আমি আমার বন্ধুর গৃহের সেই কক্ষে প্রবেশ করি। ছবিটি দেখামাত্র আমার মন অবশ্যই কিছু ভাবছে। এই সময় আমার বন্ধুটি আমাকে চিত্রটির সৌন্দর্য সম্পর্কে জিজ্ঞাসা করে এবং আমি মনোযোগ এর অভাবে নিরুত্তর থাকি। অতএব

এই চক্ষুদ্বয় মনের সংযুক্তি ব্যতীত আমাদেরকে প্রকাশিত বিশ্বের ডাক্স করতে পারে না। সুতারাং ভ্রান্ত আমিত্ব প্রতিফলিত আমিত্ব বা ব্যাক্তিত্বের সচেতনতারূপ অন্নময় শরীর প্রাণময় শরীর, মনোময় শরীর কার্য - কারণময় শরীর এবং অভ্যন্তরীণ রসায়ন ও স্নায়ুতন্ত্র প্রেরিত প্রতিক্রিয়া রূপে বিভিন্ন উদ্দীপকরূপ পর্যবেক্ষণ, স্পর্শ, গন্ধ, শ্রবণ, স্বাদগ্রহন - এই পঞ্চেন্দ্রিয়ানুভূতির মৌলিক নির্যাস দ্বারা মনকে চিহ্নিত করা যেতে পারে। সুতারাং কেবল পঞ্চেন্দ্রিয় মনের সংযুক্তি ব্যাতিত সঠিকভাবে কোনও অনুভূতি লাভে অক্ষম।

এইরূপ মনোযোগ এর অভাবে আমরা পারিপার্শ্বিক জগতের একটি নির্দিষ্ট শতাংশ এবং বিভিন্ন বাহ্যিক উত্তেজনা প্রবেশ সত্ত্বেও কিঞ্চিৎ হলেও অভিজ্ঞতা লাভ করি। তবে এখন আমি কেবলমাত্র মনুষ্য চক্ষু ও কিছু অন্যান্য প্রাণীর চক্ষুর মাধ্যমে দৃষ্টিভঙ্গির বিভিন্ন মাত্রা সম্পর্কিত বিভিন্ন বিষয়ের উপর আলোকপাত করতে চাই। মনের চারটি বিভাগ যথা- চিত্ত, অহংকার, বুদ্ধি ও মন এক হয়েও ভিন্ন ভিন্ন কাজ করছে। প্রকৃতপক্ষে মন হল শরীরের আভ্যন্তরীণ এবং বাহ্যিক জগত থেকে উত্থাপিত বিভিন্ন চিন্তা ভাবনা এবং স্মৃতি গুলির মাধ্যমে বুদ্ধির প্রতিবিম্ব। বাস্তবিক ভাবে কোন তথাকথিত মন নেই, আবার অপরদিকে যতক্ষণ আমাদের দেহে চিন্তাভাবনা এবং স্মৃতিগুলি বিদ্যমান ততক্ষণ মনের অস্তিত্বকে অস্বীকার করা সম্ভব নয়। সুতারাং আমাদের শরীরের পুঞ্জিভূত চিন্তাভাবনা ও স্মৃতিগুলি স্নায়ুতন্ত্রের সাহায্য মন রূপে কাজ করে এবং মানসিক চেতনাতে উত্থাপন অনুসারে চোখের সাথে বিভিন্ন শারীরিক মাত্রার অনুভূতি অনুভব করে। সংক্ষিপ্ত ব্যাখ্যার মাধ্যমে আমরা সক্রিয় চোখ থাকা সত্ত্বেও সচেতন মনের অতি- নির্ভরশীলতা প্রমাণ করতে পারি।

অনেকগুলি পতঙ্গ রয়েছে যেমন মৌমাছি, মাছি ছারপোকা এবং বোলতা প্রভিদের যৌগিক চোখ বিদ্যমান, তাদের চোখে প্রায় ৫০০০০ থেকে ২০০০০ লেন্স রয়েছে যার মাধ্যমে তারা পারিপার্শিক বিষয় এবং তাদের গতিময়তা পর্যবেক্ষণ করতে পারে। পেচকের নেয় কিছু নিশাচর পক্ষিবিশেষ পিউপিল এবং অতি সংখ্যক রড কোষ যুক্ত বৃহত্তর কারণে অন্ধকারাচ্ছন্ন রাত্রিতে খুব সহজেই শিকার পর্যবেক্ষণে সক্ষম হয়। তদুপরি কুকুর বিড়াল এবং অন্যান্য প্রাণীর চোখের দৃষ্টিতে মানুষ অপেক্ষা আরও বিশেষ কিছু শক্তি এবং কার্যক্ষমতা রয়েছে। দৃশ্যমান বস্তুগুলি পর্যবেক্ষণ করার ক্ষমতাই নয় বরং তাদের মধ্য অতি ভৌতিক বিষয়গুলি প্রত্যক্ষীকরণ এর জন্য তাদের বিশেষ

দৃষ্টি শক্তি রয়েছে। তবে তাদের চোখের দৃষ্টিতে এই ধরনের বিশেষ দক্ষতা থাকা সত্ত্বেও পতঙ্গ থেকে স্তন্যপায়ী প্রাণীরা উচ্চবুদ্ধিমত্তার অভাবে সর্বোচ্চ চেতনার দ্বারা তাদের পারিপার্শ্বিক জড় জাগতিক বস্তু এমনকি নিজেদেরকে আবিষ্কার করতে সক্ষম নয়। ফলস্বরূপ অন্যান্য প্রাণীরা তাদের চতুষ্পার্শ্বে পরিবর্তন করার কোন ইচ্ছা প্রকাশ করে না এবং সেই কারণে তাদের দৃষ্টিশক্তি ও দৈহিক ক্ষমতার সীমিত মাত্রা অনুসারে সমস্ত উপভোগ ও দুর্ভোগ গুলি স্বীকার করতে বাধ্য হয়। অন্যান্য প্রাণীর বুদ্ধি শুধুমাত্র তাদের ক্ষুধা ও যৌন আকাঙ্ক্ষা নিবৃত্তিতে সাড়া দিতে ব্যবহৃত হয়। সুতরাং যখন তারা তাদের দৃষ্টি নিক্ষেপ করে, তারা সুস্পষ্ট দর্শন অপেক্ষা নিজে অস্তিত্ব রক্ষায় সচেষ্ট হয়। তবে যদি তারা মানব বুদ্ধির দ্বারা প্রশিক্ষিত হত তবে তারা তাদের স্বাভাবিক ক্রিয়া-কলাপ এর বাইরে কিছু উন্নত মানসিকভাব প্রদর্শন করতে পারত।

একথা অনস্বীকার্য যে বিজ্ঞানীরা তাদের আবিষ্কৃত যন্ত্র প্রদর্শনের মাধ্যমে প্রাণী চক্ষুর বিভিন্ন ধরনের দর্শন ব্যাখ্যা করতে সক্ষম। তাই প্রাণীর চোখের দৃষ্টি সম্পর্কে কিছু বিশেষ এবং সূক্ষ্ম ধারণা থাকতে পারে যা মানব জাতির পক্ষে উপলব্ধি করা কঠিন। নিম্নস্তরের চেতনার কারণে প্রাণী দিগকে কখনোই নক্ষত্রখচিত আকাশের দিকে তাকাতে বা এই বস্তুগুলির রহস্য উন্মোচনের জন্য অন্তর্নিহিত কোন বস্তু পর্যবেক্ষণ করতে দেখা যায় না। তাই মায়ার ফাঁদে পড়ে তাদের আত্ম চেতনার অসীম স্বভাবের বিকাশের কোনো সম্ভাবনা নেই।

2

২. বিবর্তনবাদী বৈজ্ঞানিক দৃষ্টিতে মানস চক্ষুর বিকাশ

এখন আমি সর্বাপেক্ষা বিবর্তনশীল বিকাশ যুক্ত মনুষ্য চক্ষুর প্রতি দৃষ্টি নিবদ্ধ করছি, যেখানে বস্তু সমূহ দৃঢ়ভাবে পর্যবেক্ষণের ক্ষেত্রে এই চক্ষুর স্পষ্ট তার ক্ষমতা প্রদর্শিত হয়।

চোখের দক্ষ পর্যবেক্ষণের পশ্চাদে বুদ্ধি প্রকৃতপক্ষে মানসিক চক্ষুর ন্যায় মৌলিক শক্তি রূপে প্রতিভাত হয়। অন্যান্য প্রাণীরা সহ আরো তীব্রতর দৃষ্টিশক্তি থাকা সত্ত্বেও মানুষ তার অপরিমেয় মানসিক শক্তির মাধ্যমে সমস্ত বস্তুকে অন্যান্য প্রাণীদের তুলনায় আরো সঠিকভাবে পর্যবেক্ষণের সক্ষম এমনকি একটি চশমার মাধ্যমে যা অন্য প্রাণীদের নেই। তাই বর্বর বন্যপ্রাণীর যুগ থেকেই মানুষ পারিপার্শ্বিক প্রকৃতির অগণিত রহস্য উন্মোচন করেছে- বজ্র বিদ্যুৎ দাবানল বিধ্বংসী ঝড় এবং সাথে সাথে তারকা মন্ডিত আকাশ চন্দ্র সূর্য প্রভৃতি সৌন্দর্যমন্ডিত প্রাকৃতিক প্রতিফলন দেখে তাদের চোখ বিহ্বল ও স্থির হয়ে গেছে। সচেতনতায় উচ্চ বিচার শক্তি বলে মানুষের চোখ সর্বদা প্রাকৃতিক নিয়মের ব্যাখ্যা ও কারণ অনুসন্ধানে রত। নক্ষত্র খচিত আকাশ সূর্য এবং চন্দ্রের দৃশ্য সত্যানুসন্ধানে তাকে উদ্দীপ্ত করে। তথাপি খোলা চোখে বিভিন্ন প্রাকৃতিক ঘটনাবলীর অন্তর স্থিত সত্যানুসন্ধানে অতিশয় সচেষ্ট হয় মানুষ জাগতিক ও বিভিন্ন বস্তুর ধরন পর্যবেক্ষণের ক্ষেত্রে

চক্ষুর দর্শন ক্ষমতার সীমাবদ্ধতা উপলব্ধি করেছে। সুতরাং কালের স্রোতে সভ্যতার সূচনালগ্ন থেকে মানবজাতি ক্রমাগত জাগতিক রহস্য উন্মোচনে তাদের দৃষ্টিশক্তি প্রশস্ত করতে প্রভূত যন্ত্রাদি আবিস্কার করে চলেছে ফলস্বরূপ বিভিন্ন শক্তিশালী অণুবীক্ষণ যন্ত্র এবং দিনগুলি আণুবীক্ষণিক অণুজীব, ভাইরাস, ব্যাকটেরিয়া থেকে দূরবর্তী নক্ষত্র গ্রহ এবং অন্যান্য মহাজাগতিক বস্তু পর্যবেক্ষণের জন্য আবিষ্কৃত হয়েছিল। তবে বৈজ্ঞানিকগণ যত বেশি আবিস্কার করেন ততবেশি রহস্য উদ্ভূত হতে থাকে আর সেই কারণে মনুষ্য চক্ষুও বিষয়গুলি পর্যবেক্ষণে ব্যর্থ হয়। সুতরাং প্রকাশিত বস্তুসমূহ জানার জন্য এখানে বিজ্ঞানের বিভিন্ন শাখা স্থাপিত হয়েছে এবং সেই জন্য তাদের মতবাদ বিশ্বাস কুসংস্কার এবং প্রাকৃতিক ঘটনার ভিত্তিহীন ব্যাখ্যা অপসারণের জন্য যথোপযুক্ত বৈজ্ঞানিক ব্যাখ্যা প্রদানের প্রভূত প্রচেষ্টার জন্য তাদের শ্রদ্ধা ও প্রশংসা করা উচিত। এছাড়াও বৈজ্ঞানিক চোখগুলি প্রকৃতির নিয়ম এবং মানবজাতি সহ সমস্ত প্রাণীর দৈহিক ক্রিয়া-কলাপ আবিস্কার করে। বৈজ্ঞানিক গবেষণা শুরু হয়েছিল অজানাকে জানার পথ প্রশস্ত করার লক্ষ্য নিয়ে যেখান থেকে লক্ষ্যচ্যুত হয়ে বর্তমানে শুধুমাত্র মানব জীবনকে আরুসাদ ছন্দময় ও বিলাসবহুল করার বাসনায় ধ্বংসাত্মক অস্ত্রশস্ত্র আবিস্কার এবং অতিরিক্ত পরিমাণে যন্ত্রপাতি তৈরিতে সীমাবদ্ধ হয়ে পড়েছে। অন্যদিকে এটি বৈজ্ঞানিক দৃষ্টিভঙ্গির একটি জয়ধ্বনীত করে - যে তারা কোয়ান্টাম ফিজিক্সের সর্বশেষ আবিস্কার অনুসারে সমস্ত প্রকাশিত ও সূক্ষ্ম ভৌতিকতা মৌলিক উৎসরূপে পরিচিত অন্ধকার শক্তি হিসেবে চিহ্নিত কিছু না (nothingness) এর একটি সুস্পষ্ট উপলব্ধি অর্জন করেছে। সুতরাং একথা স্বীকার করতে হবে যে ভৌতিকতা পারে চেতনা সম্পর্কে নিকট ব্যাখ্যা দেওয়ার জন্য বৈজ্ঞানিক পর্যবেক্ষণে কোন প্রবেশ পথ নেই। যদিও জীববিজ্ঞান ও চিকিৎসা বিজ্ঞান মানুষ ও অন্যান্য প্রাণী দেহের মাধ্যমে চেতনার বিভিন্ন অভিব্যক্তি বর্ণনা করতে সক্ষম তবে তারা দেহস্থ এবং দেহের জীবন্ত কোষ এর বাইরে কি চেতনা থাকতে পারে তা ব্যাখ্যা করতে অক্ষম।

3

৩. মানবিক চোখে মায়ার বিভিন্ন কার্যক্রম

সত্যের মৌলিক সারমর্মটি জানার জন্য এই বিভ্রান্তিকর পরিস্থিতিতে আমি শিকাগোর ধর্মীয় সংসদে স্বামী বিবেকানন্দের ভাষণ থেকে একটি উল্লেখযোগ্য উক্তি সম্পর্কে স্মরণ করিয়ে দিচ্ছি যে - অজানাকে জানার জন্য বিজ্ঞানের যাত্রা তার চুড়ান্ত গন্তব্যে পৌঁছাবে যদি বিজ্ঞান যেখান থেকে সমস্ত ভৌতিকতা নির্গত হয় সেই শক্তির উৎস আবিষ্কারের সক্ষম হয়। যাইহোক এখন আমি বৈজ্ঞানিক চক্ষু আধুনিকতম মতামত ও ব্যাখ্যার মাধ্যমে শক্তিমান হওয়া সত্ত্বেও দৃষ্টির প্রভাবল্য থেকে মানবজাতিকে মায়া তার ক্ষমতাশালী শক্তির মাধ্যমে যেভাবে বিভ্রান্ত করে চলেছে তা তুলে ধরছি। প্রধানত মায়াকে কার্যকারী করার 90% প্রবেশদ্বার হল আমাদের চোখ। দৈহিক চেতনার সাথে সংযুক্তির কারণে মানুষ সবকিছু যেভাবে দেখে তাকে সেভাবে বিশ্বাস করে। কিন্তু প্রকৃতপক্ষে মানুষের মায়াময় চোখ কেবল মায়াময় পৃথিবী দেখে।

একথা স্বীকার করতে দ্বিধা নেই যে চোখ খোলো পরমাত্মার সর্বোত্তম সুন্দর উপহার। এই চোখের মাধ্যমে সমস্ত প্রাণী এবং কীটপতঙ্গ সহ মানুষ শুধুমাত্র তাদের জীবন উপভোগ করে না বরং বেঁচে থাকার জন্য প্রভূত সুযোগ সুবিধা ভোগ করে। দৃশ্যমান জগতের এই বিনোদন মায়াবী দৃষ্টিতে মায়াময় পৃথিবীতে বাঁধা পড়ে মানব জীবনের পথে বিভিন্ন ধরনের দুর্ভোগ ডেকে এনেছে।

সুতরাং মায়া মানব মনে বিভিন্ন ধরনের ছলনা এবং ভ্রান্ত চিত্র তৈরি করে ও মিথ্যাকে সত্য সত্যকে মিথ্যা রূপে প্রদর্শন করে। আমাদের চোখের মাধ্যমে প্রকৃতি তার বিভিন্ন রূপকে প্রতিবিম্বিত করে আমাদের স্নায়ুতন্ত্রের মধ্য এবং আমাদের চেতনায় অতি সংখ্যক চিন্তাভাবনা এবং অনুভূতি তৈরি করে আর এই সকল চিন্তা সমাহার মন রূপে পরিচিত। মন তার অগণিত উপস্থিতি সহ মহাবিশ্বকে প্রতিবিম্বিত করে একটি আয়নার মত এবং নাম ও উপস্থিতি সহ আমিত্বের একটি নূতন অস্তিত্ব গড়ে তোলে। এইরূপে প্রকৃত চেতনাময় আমিত্ব তার মূল প্রকৃতি ভুলে নিজেকে স্থূল দেহ রূপে বিশ্বাস করে। সুতরাং প্রকৃতির মূল প্রতিচ্ছবি রূপে নিযুক্ত সুখ শান্তি ও পরিতৃপ্ত সন্ধানে সর্বোত্তমভাবে খাদ্য যৌন সুখ পাওয়ার উদ্দেশ্যে পার্থিব যিনি সংগ্রহের পথে তার শেষনিঃশ্বাস ত্যাগ পর্যন্ত দীর্ঘ যাত্রা শুরু করে। মরীচিকার মত মায়াজালে উৎসের ভ্রান্ত প্রতিবিম্ব দ্বারা তৃষ্ণার্ত পথিককে ক্লান্ত অবসন্ন করে তোলে। মরু ভ্রমণকারীর ন্যায় মানুষ পৃথিবীর মায়াময় বস্তুর প্রতি আকৃষ্ট হয় এবং তৃষ্ণা নিবারণার্থে সেগুলো সংগ্রহ করার জন্য দীর্ঘ যাত্রা শুরু করে ওর নিজের ভাবনা প্রসূত ব্যর্থতা লালসা লোভ আকাঙ্ক্ষা ভয় ও অন্যান্য নেতিবাচক তার বন্ধনে আবদ্ধ হয়ে পড়ে। তবে ভ্রান্ত আমিত্বের এই মায়াময় চোখ কেবল ঘাত-প্রতিঘাত বিলাপ হতাশা অনুশোচনা ইত্যাদির মধ্যে সীমাবদ্ধ নয় বরং এটি বিভিন্ন ধরনের

খাদ্য যৌনতা আশ্রয় এবং প্রকৃতির মনমুগ্ধকর পরিবেশ উপভোগ করে অধিক আনন্দময় মুহূর্তগুলিও অনুভব করে। তাই আনন্দ হতাশার কণ্টকপথ যাত্রার মধ্য দিয়ে অগণিত পরিমাণে কর্মফল (চিন্তাভাবনা) শরীরের চার স্তরে যেমন স্থুল দেহ, মন শরীর নৈতিক শরীর এবং আংশিক কার্যকরণ শরীরে লৌহ শৃঙ্খলা ও স্বর্ণ শৃংখল এর বন্ধন রূপে অঙ্কিত হয়। সমস্ত রকমের অনুভূতি তা সে আনন্দময় বার দুঃখ হোক না কেন সঞ্চিত স্মৃতি রূপে সংরক্ষিত হয় এবং স্থুল ও সূক্ষ্ম শরীর জুড়ে কর্মের একটি ঘনস্তর তৈরি করে। সুতরাং মানবদেহে উত্তরন পর্যন্ত বিভিন্ন প্রাণীর অগণিত দেহগুলি দীর্ঘ বিবর্তনীয় যাত্রার মধ্য দিয়ে আমরা এতক্ষণে স্মৃতি গুলির একটি বিশাল সংকলন সংগ্রহ করেছি এবং তাই আমরা আমাদের কুলি (ভারবাহক) হিসাবে উল্লেখ না করে নাম এবং সুন্দর চেহারা দিয়ে পরিচয় দিতে পারি যেহেতু আমরা জন্ম-জন্মান্তরে মৃত্যুর মাধ্যমে ভালো-মন্দের প্রকৃত ভার বহন করে চলেছি এক অশেষ কণ্টকপথে। মায়া 90% তার প্রতারণামূলক উপস্থিতি দ্বারা আমাদের চক্ষুদ্বয় প্রবেশ করে খাদ্য যৌনতা আশ্রয় এবং খ্যাতির উপর ভিত্তি করে আমাদের অভ্যাস। আকাঙ্ক্ষা ও প্রত্যাশা পূরণে আমাদেরকে উস্কানি দেয়।

পালসার চিন্তাভাবনা স্মৃতি এবং আকাঙ্ক্ষায় পরিপূর্ণ আমাদের প্রতিবিম্ব আমিত্ব তার নিজ সৃষ্ট মায়াময় জগতে আবদ্ধ হয়ে পড়ে এবং অন্তর্জগতের বিভিন্ন সঞ্চিত সংগৃহীত তথ্যের প্রতিক্রিয়ায় প্রভাবিত হয়ে দাস রূপে কাজ করে। সুতরাং অজ্ঞতাবশত প্রত্যেক মানুষই নিজের জীবন যাত্রায় আনন্দ ও দুর্ভোগ সৃষ্টির জন্য দায়ী।

কিন্তু আনন্দ হতাশার ঢেউয়ে আন্দোলিত হওয়া সত্ত্বেও অজ্ঞতার কারণে মানুষ তার মায়াময় নশ্বর জীবনকে অবিনশ্বর করে তুলতে চায় এবং নিজে অস্তিত্ব হারানোর ভয়ে সর্বদা সুরক্ষিত রাখতে চায়। মৃত্যু ভীতির কারণে মনে ভান্ত প্রবণতা অনুসারে মানুষ তার বিনোদন সন্তুষ্টি ও চিরস্থায়ী অস্তিত্ব সমন্বিত প্রার্থী বস্তুগুলি হারানোর বিভিন্ন চিন্তা ও ভয়েও বন্দিদশা ভোগ করে। এইভাবে প্রতিশোধ মুভি জোকস শাস্তি ইত্যাদি নিজের যৌক্তিক অভিপ্রায় চরিতার্থ করা বিভিন্ন ভালো-মন্দ তাঁর ঘনিষ্ঠ এবং অন্যদের সাথে প্রারব্ধ জনিত সমস্যায় পড়ে নিজের জীবনকে নিকৃষ্ট করে তোলে। পর্বত প্রমাণ পারব্ধ জনিত কর্মের কারণে সে তার নিজের তৈরি জালে আবদ্ধ হয়ে যন্ত্রণা ও বেদনা থেকে মুক্তি পেতে সাহায্যর জন্য চিৎকার করে।

একটি গল্পের মাধ্যমে এই বিষয়টি বোঝানোর চেষ্টা করছি। একদা নারদ নামে এক যুবক ঋষি ছিলেন, যিনি ভগবান নারায়নের পরম ভক্ত ছিলেন। একদিন কোন শাস্ত্র অধ্যায়নের সময় তিনি মায়া শব্দটি অবলোকন করেন। তিনি শব্দের প্রকৃত অর্থ অনুধাবন করতে পারেননি এবং তাই তিনি বিভিন্ন মনীষীদের দ্বারস্থ হন ও অতৃপ্ত হয়ে ফিরে আসেন। অবশেষে তিনি ভগবান শ্রীকৃষ্ণের দ্বারস্থ হওয়ার সিদ্ধান্ত গ্রহণ করেন এবং দ্বারকাপুরীতে যান। শ্রীকৃষ্ণের সম্মুখে পদার্পণ করে নারদ তাকে জিজ্ঞাসা করলেন কৃষ্ণ আপনি কি মায়ার অর্থ ব্যাখ্যা করবেন? তখন শ্রীকৃষ্ণ নারদ কে তার প্রাসাদে বিশ্রাম নেয়ার পরামর্শ দেন এবং জানান যে এ বিষয়ে পরে আলোচনা করবেন। কিছুদিন পর অধৈর্য হয়ে নারদ শ্রীকৃষ্ণকে তার প্রশ্নের উত্তর দিতে বললেন। তখন শ্রীকৃষ্ণ তাঁকে একটি

দূরবর্তী স্থানে নিয়ে গিয়ে একটি বৃক্ষ তলে উপবেশন করে ভারতকে বললেন এখন আমি খুব ক্লান্ত তৃষ্ণার্ত দয়া করে জল আনুন। নারদ তাকে অর্ধ ঘন্টা অপেক্ষা করার পরামর্শ দেন। আবে জলের অনুসন্ধানকালে তিনি একটি সুন্দর পার্বত্য গ্রামে পৌঁছালেন এবং সেখানে তিনি একটি কুঁড়েঘর এ গেলেন। তিনি দরজায় টোকা দিলেন। দরজা খুলতেই এক সুন্দরী কন্যা বেরিয়ে এলো। কন্যাটিকে দেখে নারদ কিয়ৎক্ষণ স্তব্ধ হয়ে জল প্রার্থনা করল। ইতিমধ্যে এক বৃদ্ধ কুঠির থেকে বেরিয়ে এসে তার দীর্ঘ যাত্রার ক্লান্তি দূর করতে থাকে সেখানে কিছুদিন থাকার অনুরোধ জানালো। নারদ খুবই খুশি হয়ে সম্মতি জানালো। কন্যাটি তারাহাট বিশ্রামের সামগ্রী সরবরাহে যন্তবতি ছিল। কিছুদিন অতিক্রান্ত হলে অতি সুন্দরী কন্যাটির প্রতি আকৃষ্ট হয়ে সে একদা অস্থির হয়ে উঠল এবং সুন্দর বাগানে ভ্রমণরত কন্যাটি সাথে দেখা করলেন। নারদ তাকে বিবাহের প্রস্তাব দিলেন এবং তার সম্মতি প্রার্থনা করলেন। তাই নারদ কুঠিরে প্রবেশ করে ইচ্ছা প্রকাশ করলেন। পিতা সানন্দে সম্মতি ছিলেন এবং নারদ কন্যাটির সাথে বিবাহ বন্ধনে আবদ্ধ হল। এরপর তিনি তার বর্তমান বিবাহিত জীবন উপভোগ করেন এবং কয়েক বৎসর অতিবাহিত করে তিন সন্তানের জনক হন। এইভাবে 12 বৎসর সুখে স্বাচ্ছন্দে অতিবাহিত হল এবং নারদ তার সুখী সংসার এর বাইরে আর কিছু জানবো চেষ্টা করেনি। একদিন ভারী বর্ষণের সাথে প্রচন্ড ঝড় ওঠে। ভারী বর্ষণে গ্রামটি বিধ্বস্ত হয়ে পড়ে এবং সমস্ত কিছু ভেসে গেল। তিনি তার স্ত্রী ও শিশুদের বাঁচানোর প্রভূত নিরর্থক প্রচেষ্টা করেন। তার সম্মুখে তার স্ত্রী ও শিশুরা জলে নিমজ্জিত ভেসে যেতে থাকলো। তথাপি তিনি নিরাপদে ছিলেন। এরপর ধীরে ধীরে বৃষ্টি থামল এবং বন্যার জল সরে গেল। এই মর্মান্তিক দুর্ঘটনা নারদকে কিংকর্তব্যবিমূঢ় করে তোলে। তার স্ত্রী ও শিশুদের ক্ষতি তাকে ক্ষিপ্ত করেছিল। অসহায় হয়ে মাটিতে বসে অশ্রুসিক্ত নয়নে ঈশ্বরের কাছে অভিযোগ করলেন-

হায়! ঈশ্বর আমি আমার পরিবারের এই ক্ষতি বহন করতে পারছিনা। আমি বেঁচে থাকতে চাই না। কোন ভুলের জন্য আপনি আমায় শাস্তি দিলেন। দয়াকরে প্রভু আমায় এই সমস্যা থেকে মুক্ত করুন। হঠাৎ এক গম্ভীর কন্ঠস্বর প্রতিধ্বনিত হতে লাগল, নারদ তুমি অর্ধ ঘন্টার মধ্যে আমার তৃষ্ণা নিবারনার্থে জল আনার প্রতিশ্রুতি ভুলে গেছো এবং আমি তোমার জন্য 12 বৎসর ধরে অপেক্ষায় আছি। নারদ তার অতীত ফিচার অন করে বললেন "হে কৃষ্ণ, আমি আমার স্ত্রীর সাক্ষাৎ এবং তার ও শিশুদের সাথে উপভোগ করার পর থেকে আপনাকে সম্পূর্ণরূপে ভুলে গেছি। তখন শ্রীকৃষ্ণ বললেন এখন তুমি কি মায়ের বিষয়ে পোস্ট ও দৃষ্টিভঙ্গি লাভ করেছ? নারদ জানালো হ্যা প্রভু, আমি মায়ার অপরিমেয় মায়াময় শক্তির সুস্পষ্ট উপলব্ধি পেয়েছি।

একইভাবে পিতা-মাতা স্ত্রী-পুত্র-কন্যা এবং প্রাকৃতিক পারিপার্শ্বিকতার সাথে আরো অনেক সম্পর্কের ছদ্মবেশে বিভিন্ন নাটক সঞ্চারিত করে এবং আমাদেরকে প্রতারণা নাটক কে বাস্তব বলে বিশ্বাস করতে বাধ্য করে। ফলস্বরূপ আমরা আনন্দ-বেদনা সমন্বিত বিভিন্ন অতিরঞ্জিত চিন্তা ও স্মৃতির ঢেউয়ের ঘাত প্রতিঘাতে আন্দোলিত হয়ে থাকি। আমাদের মায়াময় চোখের অজ্ঞতার কারণে আমরা মায়ার প্রতি আকৃষ্ট হই এবং সমস্ত ঘটনা-দুর্ঘটনাকে সত্যরূপে বিশ্বাস করি। যখন কিছু লাভ করি তখন অট্টহাস করি আর কিছু হারিয়ে গেলে কান্নায় ফেটে পড়ি। শৈশব যৌবন বার্ধক্য জীবনের বিভিন্ন পর্যায়ে জন্ম থেকে মৃত্যুর মধ্য দিয়ে মানুষ পার্থিব ও চাহিদ পূরণে নিজেকে সন্তুষ্ট করতে তার চেতনা অনুসারে নানারূপ বিনোদন দুর্ভোগ যন্ত্রণা এবং সংঘাত সহ্য করে চলেছে। সংবেদনশীল অঙ্গ জৈব রসায়ন এবং দীর্ঘ বিবর্তনমূলক যাত্রার মধ্য দিয়ে অন্য দেহ মন ও দেহ ও সংবেদনশীল দেহে একত্রিত

হওয়া স্মৃতিগুচ্ছ দ্বারা গঠিত হওয়া প্রতিচ্ছবিরূপ আমিত্ব নিজেকে বাস্তব অস্তিত্ব রূপে বিশ্বাস করে। দৈহিক চেতনার এই বিশ্বাস এতটাই শক্তিশালী যে মানুষ রূপে পরিচিত আমিত্বের সীমিত চেতনার গণ্ডি অতিক্রম করতে পারে না। ফলস্বরূপ মানুষ যথাসম্ভব তার অহংকার তৃষ্ণা নিবারণে খ্যাতি সম্পদ এবং অর্থের পিছনে ধাবিত হতে শস্য ব্যস্ত থাকে। যেহেতু আমাদের চক্ষুর অন্তপুর যখন ক্ষমতা নেই তাই আমরা পার্থিব ও বস্তুর প্রতি আকৃষ্ট হয়ে অগ্রসর হতে থাকে এবং বন্দী জীবন যাপন করি। আমাদের পাঁচটি সংবেদনশীল অঙ্গ বিশেষত চোখের মাধ্যমে চারপাশের উদ্দীপনা আমাদের অন্তরে প্রবেশ করে আমাদের বিশ্বাস এর মূল বিষয় হয়ে ওঠে এবং কার্যত আমাদের স্নায়ুতন্ত্রের স্নায়ুপথ তৈরি করে। সুতরাং আমরা ভুল সঠিক ন্যায়-অন্যায় ভালো-মন্দ সুন্দর কদর্য সুস্বাদু এই বিষয়গুলিকে আমাদের স্বতন্ত্র ঐতিহ্যগত সংস্কৃতি অনুসারে চেতনার বিশ্বাসে সংরক্ষিত করে বিবেচনা ও চিহ্নিত করি। ফলস্বরূপ বহুমুখী কল্পনা প্রসূত দৈহিক চেতনার ধারণা থেকে অধিকাংশ মানুষ তার পছন্দ অপছন্দ ভালো-মন্দ প্রভৃতি বিষয় গুলি পর্যবেক্ষণ করে তার পরিস্থিতি পরিচালনা করার ভিত্তিতে। দৈনন্দিন জীবনে কর্মক্ষেত্র পারিবারিক বিষয়াদি এবং ট্রেনে বাসে ভ্রমণকালে অন্যান্য ক্রিয়া-কলাপ এর ক্ষেত্রে মানুষকে বিভিন্ন ধরনের প্রতিকূলতার সম্মুখীন হতে হয়। তবে দেখা গেছে যে সমান পদক্ষেপ নেওয়া সত্ত্বেও তাদের থেকে প্রকাশ পেয়েছে বিভিন্ন মিথস্ক্রিয়া এবং এক্ষেত্রে কেউবা আকমলের সিদ্ধান্ত নিয়েছে আবার কেউ বা অন্যের বিরোধিতা মুখর হয়েছে আর কয়েকজন অশ্রুসিক্ত হয়েছে, যেথায় কাউকে দেখা যায় হাসিমুখে পরিস্থিতির সাথে সামঞ্জস্য রেখে সমাধানসূত্র অন্বেষণ করতে। এইভাবে এগরা ও প্রচলন বিরোধী মানসিক শক্তির বলে বলিয়ান হয়ে মানুষ একই পরিস্থিতিতে ভিন্ন রূপ প্রতিক্রিয়া জানায় এবং নিজেদেরকে আনন্দময় ও বেদনাময় করে তোলে। বস্তুত বিশ্বের

কল্পনাশক্তি মায়া রূপে পরিচিত হয়ে প্রত্যেক মানুষই "আমি এই শরীর" উক্তিটির ভ্রান্ত ধারণার বন্ধনে আবদ্ধ হয়। দৈহিক চেতনার প্রতি দৃঢ় বিশ্বাস মানুষকে তার দৈহিক তৃপ্তির সমস্ত স্বাচ্ছন্দ ও বিলাসিতা উপভোগের ক্ষেত্রে শরীরকে বাঁচিয়ে রাখতে অগণিত কর্মের বন্ধনে বাঁধা পড়ে। এইভাবে নিজের অজ্ঞতার কারণে মায়া তার শরীরের ছদ্মবেশে তাকে একটি স্বয়ংক্রিয় নৃত্যরত পুতলিকা পরিণত করে এবং বেপরোয়া ক্রিয়ায় নিয়োজিত করে কারণ মানুষ তার ও তার প্রিয়জনদের মনের চাবিকাঠি ভুলবশত মায়ার তালুবধ্যে স্থানান্তরিত করেছে। আর এর একটি প্রভাব রূপে মানুষ প্রতিশোধ অভিযোগ প্রত্যাশা ব্যর্থতার বেদনা লালসা লোভ প্রভৃতির প্রতিবিম্বিত আমিত্ব মায়া রূপ ধারণ করে কখনো আমাদের বন্ধু আবার কখনো শত্রু রূপে কাজ করে। তবে মানুষের জীবন দশায় মায়া তার বিভ্রান্তি উপস্থিতি দ্বারা মানুষকে বোকা বানায় এমন নয়।

এমনকি মানুষ তার মৃত্যুর পরও মায়ার কব্জা থেকে মুক্ত হতে পারে না তাই মায়ার ভ্রান্ত দৃষ্টি ও মৃত ব্যক্তির পশ্চাদনুসরণ করে এবং যে স্থানে ওই শারীরিক অহম ভাব ভ্রমণ করে ও ভ্রমণ এর মধ্য দিয়ে আনন্দ-বেদনা মায়াময় পৃথিবীতে জীবদশায় একত্রিত হওয়া স্মৃতি অনুসারে ভোগ করে তাকে বিভিন্ন মাত্রার বিভিন্ন মায়াজাল দেখায়। এই শরীরী আত্মা স্বর্গ-নরকের আনন্দ বেদনা অনুভব করে যা আত্মার মনকে বিসর্জন দেওয়ার অভিক্ষেপ ছাড়া আর কিছুই নয়। জন্ম ও মৃত্যুর মধ্য দিয়ে দীর্ঘ যৌক্তিক যাত্রায় উদ্দীপ্ত করে যতক্ষণ না আমরা প্রকৃত আমিত্বের প্রকৃত স্বরূপ কে চিনতে পারি।

4

৪. মায়ার বিভিন্ন বিভাগ

এই মুহূর্তে মায়ার বিভিন্ন প্রকারের যেসব প্রভাব ব্যাখ্যা করা হয়েছে তা শুধুমাত্র মায়াবী প্রতিরূপ। তবে মহামায়া ও যোগমায়ার মত মায়ার আরও দুটি বিভাগ রয়েছে। খুবই অল্প সংখ্যক ব্যক্তি আধ্যাত্মিক বিশ্বের অস্থায়ী সত্যকে উপলব্ধি করতে পেরেছেন। সংগত কারণে তাদের মনে অজানা ও স্থায়ী স্থানটি জানার তৃষ্ণা উত্থাপিত হয়েছে। এই তৃষ্ণা সহ সেই ব্যক্তিবর্গ মহামায়ার ফাঁদে পড়ে। তবে এই পাঁচটি ভালো কারণ এটি মানুষকে ত্যাগের পথে যাত্রা শুরু করতে প্ররোচিত করে। মহামায়ার রূপ মায়ার কবলে পড়ে পার্থিব ভোগান্তি ও যন্ত্রণা থেকে মুক্তির পথ অনুসন্ধান করার পর থেকে তারা দৃঢ়ভাবে বিচ্যুত হয়। মহামায়া রূপ তার নিজের চেতনাতে কর্মের বিরাট স্তূপময় পথে যাওয়ার সময় সে বস্তুত পূর্ববর্তী কর্মফল গুলি বিভিন্ন অজ্ঞতার স্মৃতি রূপে জমা করেছিল। তাই সাধনার সময় অনেক সাধক অভিলাষ লালসা খ্যাতির আকাঙ্ক্ষা প্রভৃতি স্বীকার হয়ে পথভ্রষ্ট ভোগান্তিতে পড়ে। মানুষ খাদ্য যৌনতা বাসস্থান ও খ্যাতির আকারে বিভিন্ন অগ্নিপরীক্ষা সম্মুখীন হয় তরঙ্গায়িত পথে এগিয়ে চলে। মহামায়ার প্রতারক পরিস্থিতি মোকাবিলায় মানুষ উত্থান-পতনের মধ্য দিয়ে যায় এবং কখনো কখনো তারা মহামায়া জাগ্রত কর্মের কল্পনার প্রতি আকৃষ্ট হয়ে সাধনার পথ পরিত্যাগ করতে বাধ্য হয়। প্রকৃতপক্ষে মোহমায়া ও মহামায়া হল দ্বৈত চেতনার প্রতিচ্ছবি ব্রহ্মান্ডের সম্পূর্ণ নাটকে একটি বাস্তব সত্য রূপে

উপস্থাপন করে। সূক্ষ্ম দৃষ্টিতে মোহমায়া ও মহামায়ার চোখ বিভিন্ন চক্রের মাধ্যমে কুণ্ডলিনী শক্তি চেতনা বৃদ্ধিতে বিভিন্ন রূপে কাজ করে। কুণ্ডলিনী শক্তি বা প্রাণ শক্তি রূপে পরিচিত মানব চেতনা যতক্ষণ মূলাধার চক্রে থাকে, মহামায়া মানুষকে খাদ্য লিঙ্গ আশ্রয়ের মাধ্যমে প্রভাবিত করে। এরপর তিনি তার ইচ্ছা আকাঙ্ক্ষা অনুসারে এই তিনটি বিষয়কে সর্বোন্নত অবস্থায় পেতে চেষ্টা করেন। গুরুকৃপা ফলে যখন কুণ্ডলিনী শক্তি জাগরিত হয়, তখন মোহমায়ার ইচ্ছাশক্তি ক্রমশ দুর্বল হতে শুরু করে। যেমত অবস্থায় স্বাধিষ্ঠান চক্র মনিপুর চক্র অনাহত চক্র হয়ে শক্তি বিশুদ্ধ চক্র পর্যন্ত বিভিন্ন চক্রের মাধ্যমে ঊর্ধ্ব গমিত হয় তখন মহামায়ার ইচ্ছাশক্তির প্রাবল্য ঘটে। ভগবতী কুণ্ডলিনী বিভিন্ন চক্র স্থিত বিভিন্ন কর্মফল দাহ করে। সুতারাং ভাল ও খারাপ কোন ফল কে প্রশমিত করার সময় মানুষ অত্যাধিক আনন্দ ও দুর্ভোগের মধ্যে দিয়ে যায় এবং মহামায়া দ্বারা মনিপুর চক্র থেকে বিশুদ্ধ চক্র পর্যন্ত তার যাত্রাটি উঁচু-নিচু পথ চলা সত্ত্বেও আংশিকভাবে বিচ্ছিন্ন মসৃণ ও স্বাচ্ছন্দ্যবোধ করে। এইভাবে মনুষ্য চক্ষুদ্বয় মোহ মায়া ও মহামায়া রূপে প্রভাবিত সংগৃহীত কর্মফল অনুসারে রচিত রঙিন ছায়াছবি দেখতে অনুপ্রাণিত হয়। দ্বৈতবাদে স্থিত মোহমায়া ও মহামায়া আমাদের চেতনার মাধ্যমে কার স্মৃতির সাথে তার ছদ্মবেশী প্রতিবিম্বে সত্য তম রসে তিন টি গুণাবলীর প্রভাবশালী অবস্থার সাথে সাদৃশ্য রেখে আমাদের দীর্ঘ যাত্রা করতে প্ররোচিত করে। তৎসত্ত্বেও মহামায়ার প্রভাব বিভিন্ন জ্যোতির বিশ্বেও ছড়িয়ে পড়ে ফলে জ্যোতির্ময় প্রাণীরা প্রভূত কল্পনা করে থাকে। এইভাবে এই মহীয়সী ভগবতী যোগমায়া সযত্নে সতর্কতার সাথে আমাদের হাত ধরে মোহ মায়া মহামায়া রূপে পরিচিত দুটি চেতনা যোগমায়া শক্তি তার প্রতি কার্যকারণ স্বরূপ এর বিভিন্ন সংক্ষিপ্ত অভিজ্ঞতা লাভের মাধ্যমে আমাদেরকে আত্মসাক্ষাৎকারের লক্ষ্যে পৌঁছাতে পথপ্রদর্শক রূপে কাজ করে।

5

৫. সদা জাগ্রত উদাসীন চোখের চূড়ান্ত দর্শন

অদ্যবধি প্রকাশিত শারীরিকতার উপর আমাদের দুটি শারীরিক চক্ষুর দ্বারা দৃষ্ট বিভিন্ন ধরনের উপলব্ধি বর্ণিত হয়েছে। আমাদের বিশ্বাস অনুসারে শিব নারায়ন কৃষ্ণ ভগবতী কালি বা যেকোনো নামধারী রূপে পরিচিত পরম চেতনা - জীবনের সুক্ষ্ম সুক্ষ্ম তারও সুক্ষ্মতম অনুমান গুলি জানতে, আমাদের দুটি শারীরিক চক্ষুর অন্তরালে তৃতীয় চক্ষু রূপে চিহ্নিত সূক্ষ্ম চক্ষুর মাধ্যমে একটি অবর্ণনীয় প্রকৌশলগত কৌশল করেছেন। আজ্ঞা চক্র নামে পরিচিত এই তৃতীয় চক্ষুটি ভ্রূদ্বয়ের মাঝখানে অবস্থিত। তবে প্রকৃতপক্ষে পিনিয়াল গ্রন্থি ও পিটুইটারি গ্রন্থি সাথে তৃতীয় চক্ষুর সংযোগ স্থাপনের অবস্থান মেডুলা বিভাজনে রয়েছে। তৃতীয় চক্ষুর বিভিন্ন রহস্যাবৃত ক্রিয়াকলাপ কথায় ব্যাখ্যা করা অসম্ভব এবং সেই কারণে আর আধ্যাত্ম যাত্রার পথে যৎসামান্য জ্ঞানলব্ধ অভিজ্ঞতাকে পাথেয় করে এই বিষয়ে বর্ণনার ক্ষেত্রে আলোকপাত করলাম। তৃতীয় চক্ষুর সর্বাপেক্ষা মৌলিক বৈশিষ্ট্য হলো জ্ঞানের স্পষ্টতা এবং পুঙ্খানুপুঙ্খ উপলব্ধি সহ সবকিছু পর্যবেক্ষণ করা, যা মানুষকে সমস্ত বস্তুগুলির প্রকৃতি অনুসারে পর্যবেক্ষণ করতে সক্ষমতা প্রদান করে। আত্ম সাক্ষাৎকারী গুরুর যেকোনো নির্ধারিত পদ্ধতির মাধ্যমে অনুশীলন করে কখন কুণ্ডলিনী শক্তি জাগরিত হয় এবং পাঁচটি চক্রের মধ্যে দিয়ে লাল

গ্রন্থিতে উত্থিত হয় তখন তৃতীয় চক্ষুর উন্মোচন হয়। এরপর মানুষ মায়াময়ী চক্ষুর নির্দিষ্ট মায়াবী ধারণার অন্তরালে বাস্তবতা লক্ষ্য করতে সমর্থ হয়। সর্বপ্রকার দৈহিক চেতনা থেকে বিচ্ছিন্ন হয়ে অদ্বৈত ভাবের এই স্বতন্ত্র চক্ষু সমস্ত ঘটনা, দুর্ঘটনা উত্থানপতন উন্নয়ন ধ্বংস সৃষ্টি মৃত্যু ও জন্ম এবং অতিমাত্রিক ভালো-মন্দ প্রভৃতি পরিস্থিতি প্রত্যক্ষ করে। উদাসীন আমিত্বের এই চক্ষু দ্বৈতবাদ এর অতি কার্যকর দেহ সম্পর্কে ওয়াকিবহাল যার চিরন্তন আশীর্বাদক সারমর্ম স্বরূপ প্রকৃত আমিত্বকে পরিকল্পিতভাবে ভ্রান্ত আমিত্বএ পরিণত করতে অভিনেতা - অভিনেত্রীদের ন্যায় রঙিন পারিপার্শ্বিক রঙ্গমঞ্চে বিভিন্ন ধরনের নাটক মঞ্চস্থ করে।

সুতরাং অসীম দ্বৈতবাদী ভাবের আমিত্ব নিজেকে একটি সাধারন অদ্বৈতবাদী ভাবের আমিত্বরূপে অনুধাবন করতে একজন আত্মোজ্জ্বালী দ্বৈত্যভাবের মাধ্যমে তার চেতনার প্রতিবিম্বিত বিভিন্ন মাত্রার উপর সব কিছু অদ্বৈতভাবের পরিকল্পনায় রূপায়িত করে। পিনিয়াল পিনিয়াল গ্রন্থিতে অবস্থান কালে মানুষ জ্ঞানত আত্মসাক্ষাৎকার লাভ করে এবং তাই সে জন্ম মৃত্যুর আবর্তন যাত্রার পাড়ে চলে যায়।

এই তৃতীয় চক্ষু যখনই তার দৃষ্টি আকর্ষণ করে তখনই তিনি সার্বজনীন মঞ্চে মঞ্চস্থ নাটকের অন্তরালে সত্যের নিখুঁত বাস্তবতা খুঁজে পান এবং সঙ্গত কারণে নাটক এবং নটিদের দেখার সময় দর্শক উদাসীন ও প্রতিক্রিয়াহীন হয়ে পড়ে। তৃতীয় চক্ষু উন্মোচনের পর মোহমায়া ও মহামায়ার সক্রিয়তা দুই শারীরিক চক্ষুকে পরিত্যাগ করে এবং এরপর যোগমায়ার প্রভাব তৃতীয় চক্ষুর মাধ্যমে কাজ করতে শুরু করে। এইভাবে তৃতীয় চক্ষুর সুস্পষ্ট দৃষ্টি দ্বারা একজন আপনাকে আমি প্রেক্ষাগৃহে ছায়াছবি দেখা দর্শকের মত কখনো বেদনা ব্যঞ্জক অভিনয়ের বিভিন্নতা উচ্ছ্বসিত হওয়া সত্ত্বেও এই দর্শক তার সচেতন মনে জানে যে ছায়াছবির ঘটনাটি মূলত পর্দার উপর আলোর অভিক্ষেপ ব্যতীত কিছুই নয় এবং তাই সে গুরুত্ব না দিয়ে বাদাম বা কোনও সুস্বাদু মুচমুচে খাবারে রত থেকে চলচ্চিত্রটির বিভিন্ন আনন্দদায়ক ও দুঃখব্যঞ্জক মুহূর্তগুলি উপভোগ করে। সুতরাং একইসাথে যোগের একটি অবস্থায় মহাজাগতিক চেতনাযুক্ত আত্ম সাক্ষাৎকারী উদাসীনভাবে মায়ার বিভিন্ন রূপ পর্যবেক্ষণ করে। প্রকৃত আমিত্ব উদাসীন তৃতীয় চক্ষুর মাধ্যমে প্রদর্শিত হয় এবং তার দুটি শারীরিক চক্ষু ও অন্যান্য চারটি সংবেদনশীল অঙ্গ ব্যাবহার করে সে সমস্ত ভৌতিক অবস্থান থেকে বিচ্ছিন্ন হয়ে সব কারণের সর্বোত্তম কারণের সাথে সংযুক্ত হয়। যদিও যোগমায়ার প্রভাবের

সাথে দৈহিক চেতনা খুব সামান্যই বিদ্যমান, তৃতীয় চক্ষু সেই ব্যাক্তিকে জ্ঞানের জ্ঞান প্রদান করে যার মাধ্যমে তিনি অসীম চেতনার কার্যকারণের অববস্থানটিকে একটি মৌলিক সারমর্ম এবং সর্বোচ্চ কারণ রূপে জীবন ও ভৌতিকতার বিভিন্ন মাত্রায় সবরকম প্রকাশের আড়ালে সমস্ত সৃষ্টি, ধ্বংস এবং স্থিতিশীলতা উপলব্ধি করতে সক্ষম হন। সুতরাং বৌদ্ধিক দৃষ্টিভঙ্গিতে জগৎ স্বপ্নময় এবং পরিপূর্ণতার জ্ঞানে আলোকিত যা তিনি তার সদাসাক্ষীরূপ তৃতীয় নেত্রদ্বারা নাটক উপভোগের সময় সচেতন জাগ্রত অবস্থা প্রাপ্ত হন। জ্ঞানী তৃতীয় চক্ষুর চেতনার জাগ্রত অবস্থা মানুষকে তাঁর প্রকাশিত সূক্ষ্ম সূক্ষ্মতর সূক্ষ্মতম আকারে সকল প্রকার ভৌতিকতার পারে যেতে সামর্থ্য যোগায়। ফলস্বরূপ তিনি জীবনে চলার পথে সমস্ত উত্থান-পতন প্রতিকূল পরিস্থিতি এবং বিভিন্ন সমস্যার সন্মুখীন হয়ে স্থির বিচ্ছিন্ন হয়ে পড়েন। সংঘাতে তৃতীয় নেত্র বলে বলিয়ান হওয়ার সাথে সাথে মানুষ অনন্ত চেতনার শাশ্বত সারমর্মের উপর অতিপারমাণবিক ও পারমাণবিক কণিকার আকারের ভৌত পরিবর্তনের খেলা উপলব্ধি করতে পারেন। পার্থিব বস্তু ও ঘটনাবলী পর্যালোচনার সময় বিভিন্ন আপেক্ষিক শব্দকে ভালো বা মন্দ পছন্দ-অপছন্দ বলে মন্তব্য করা সত্ত্বেও তিনি তার দেহ ও মনকে একটি পরিশীলিত হাতিয়ার রূপে ব্যবহার করেন কারণ তার উদাসীন পর্যবেক্ষণ সচেতন প্রকৃতির সাথে যুক্ত থাকার কারণে তিনি প্রতিক্রিয়াহীন হয়ে পড়েন।

অতএব তিনি সমস্ত বস্তু ও ব্যাক্তিকে তাদের মতো করে গ্রহণ করেন এবং তার স্বতন্ত্র ব্যাক্তিত্বের সঞ্চিত কর্মের ফল স্বরূপ দুঃখ আনন্দ উপভোগের মূল কারণ বিষয়ক এর কারণে তাকে তার জীবনে চলার পথে কোনো দুঃখ আনন্দ দেওয়ার জন্য তিনি কাউকে দায়ী করেন।

ব্যক্তির আত্মা সাক্ষাতের পর মায়াতে ত্যাগ করেন এমন নয়। জ্ঞানী ব্যক্তি শুধুমাত্র আত্মার সত্য প্রকৃত স্বরূপ কে স্বীকৃতি দিয়ে জাগ্রত হন এবং প্রকৃত আত্মা ও আত্মরূপী অভিনয়কারী ভ্রান্তিময় মায়ার প্রভাব গুলির মধ্য তুলনার ক্ষেত্রে সদা জাগ্রত থাকেন। তাই তারা শরীরের অভ্যন্তরীণ ও বাহ্যিক জগত থেকে সংগৃহীত প্রকৃতির সমস্ত উদ্দীপনা ও উত্তেজনা গ্রহণকারী ভ্রান্ত আমিত্বকে পরিচালনার সময় তিনি তার মনের উপর প্রভুত্ব স্থাপনে সক্ষম হন দৃঢ় সিদ্ধান্ত গ্রহণকারী জ্যোতির্ময় তৃতীয় চক্ষুর সিদ্ধান্ত গ্রহণের মাধ্যমে। ফলস্বরূপ মায়া তার আকর্ষণীয় উপস্থিতির মাধ্যমে সেই ব্যক্তিকে মায়াজাল বন্দী করতে পারেনা কারণ তার মাধ্যমে প্রকাশিত অদ্বৈত আমিত্ব দৈহিক চেতনার অগণিত প্রতিচ্ছবি রূপে খেলার ছলে সমস্ত ঘটনা-দুর্ঘটনা বলির

বিষয় পূর্ণ সচেতনতার সাথে নিজেকে এমন ভাবে প্রদর্শিত করে যেভাবে সূর্য নিজেকে পুকুর নদী প্রভৃতি নেয় বহুবিধ ও জলের উৎসের প্রতিচ্ছবির মধ্য দিয়ে বহু সূর্যের অস্তিত্বের রূপায়ণ ঘটায়, এই বিষয়ে আমি আপনাদেরকে বুদ্ধের একটি গল্পের উল্লেখ করছি। পরম সত্যকে সমস্ত দুর্ভোগের থেকে মুক্তির উপায় অন্বেষণে প্রভূত পরিশ্রমের পর অবশেষে তিনি এতটাই ক্লান্ত দুর্বল হয়ে পড়েন যে আর একটুও চলতে পারছিলেন না। এরপর তিনি একটি বোধিবৃক্ষ দেখতে পেলেন এবং তার নীচে বসে পড়লেন। গভীর ধ্যানে মগ্ন থাকায় বুদ্ধ প্রকৃত আমিত্ব এর সদচিৎ স্বরূপ উপলব্ধি করলেন এবং পূর্ণিমার শান্ত স্নিগ্ধ আলোকে জ্যোতির্ময় হয়ে ওঠেন। কিছুদিন পর যখন তিনি মুদ্রিত নেত্রে তরুতলে বিশ্রাম নিচ্ছিলেন তখন মায়া তার মনে উত্থিত চিন্তা রূপে তাকে এই বলে বোঝানোর চেষ্টা করছিল, " বুদ্ধ আপনি আপনার লক্ষ্যে পৌঁছেছেন এবং এখন আপনি আপনার স্ত্রী ও একমাত্র পুত্রের সাথে আপনার রাজকীয় সুখ উপভোগ করতে পারেন"। বুদ্ধ তার তৃতীয় নেত্র উন্মোচন করলেন এবং মায়ার দিকে দৃষ্টি নিক্ষেপ করে জ্ঞানাগ্নির দ্বারা তার উত্থিত বাসনাকে শুষ্ক পত্রের মতো দাহ করলেন। একজন সাধারন ব্যক্তির ন্যায় কোনও মহাত্মাকে আনন্দ, হতাশা উত্থান-পতন বা অন্যান্য অনুকূল ও প্রতিকূলতার সম্মুখীন হতে হলেও তিনি পদ্মপাতায় একবিন্দু জলকণার মতো সম্পূর্ণ বিচ্ছিন্ন থাকেন। তবে বুদ্ধের কাহিনী অনুসারে আমাদের এরূপ দুশ্চিন্তা করা উচিত নয় যে- একজন আত্মজ্ঞানী তার পরিবার এবং সমাজ থেকে সর্বদা দূরে থাকবেন বরং তিনি যে কোন ধরনের গ্রাহস্থজীবন বিলাসবহুল বা ভিক্ষুকের মতো অথবা সাধারণ মানুষের দৃষ্টিতে উন্মাদের মতো জীবন যাপন করতে পারেন। সে কৃর্তপক্ষের শাড়ি কথার বাইরে থাকা এবং উচ্চতর আত্মচেতনা লব্ধ একজন আত্মজ্ঞানী সমস্ত উদ্ভাসিত ঘটনাবলীকে শক্তির নিত্য পরিবর্তনশীল নৃত্যর মতো পর্যবেক্ষণ করলেন এবং তাই তিনি বৃক্ষ তলে থাকুন অথবা পাঁচতারা রেস্তোরাঁয়, তার দৈহিক চেতনার কোনও গুরুত্ব তিনি দেন না। ভগবান শ্রীকৃষ্ণ এর একটি জীবন্ত উদাহরণ- আধ্যাত্মিকতা ও শারীরিকতাসহ একত্রে ২০০% জীবনযাপনের কৌশল উপস্থাপন করেছেন। একজন শাসক, যোদ্ধা, স্বামী, প্রেমিক বন্ধু এবং আধ্যাত্ম পথ প্রদর্শক হওয়া সত্ত্বেও তিনি কর্মক্ষেত্রে নিরাসক্ত ভাবে হাসিমুখে এক উদাসীন অভিনেতার মতো জীবনের প্রতিটি মঞ্চে জীবনের প্রতিটি দৃষ্টিকোণ থেকে দক্ষতার সাথে তার ভূমিকা পালন করেছেন। অতএব মূলত সমস্ত পছন্দ-অপছন্দের অন্তরালে একজন আত্মজ্ঞানী বহির্জাগতিক

আনুকূল্য বা প্রতিকূলতার দ্বারা চালিত না হয়ে মূলকথা বরং প্রকৃত আমিত্ব এর চিরন্তন পরিতৃপ্ত আনন্দময় চেতনায় মগ্ন থাকেন। অনিচ্ছার ইচ্ছায় চালিত হয়ে এক শিশুর নয় বিভিন্ন পরিস্থিতির প্রতি গুরুত্ব ও সচেতনতা আরোপ না করে তিনি খেলাটি উপভোগ করেন। একজন সাধারন অজ্ঞ মানুষের কখনো কোন জ্ঞানী ব্যক্তির জীবনধারণের বিষয়ে কোনরূপ মন্তব্য করা উচিত নয় এক্ষেত্রে তিনি বিবাহিত অবিবাহিত এবং গুহাবাসী বা বনবাসী অথবা বিলাসবহুল অট্টালিকায় করুন না কেন, যেহেতু তার সন্তুষ্টি বাহ্যিক বিষয়ের উপর নির্ভরশীল নয়, কারণ তিনি সর্বদা সূক্ষ্মতম আনন্দময় প্রকৃত আমিত্ব এ সন্তুষ্ট থাকেন।

প্রকৃত আমিত্বের এই বৌদ্ধিক অন্তর্নিহিত ভাব ছাড়াও, যখন কুণ্ডলিনী জীবনীশক্তি মেডুলা প্লেক্সাসএ (আজ্ঞা চক্রে) উত্থিত হয়, তখন কখনো কখনো সাধক ধ্যানের সময় বা কদাচিৎ জাগ্রত অবস্থায় তার উন্মোচিত ভৌতিক চোখে একটি নীল বেগুনি বা সাদা রংএর বৈদ্যুতিক ঝলক স্থির চলমান অথবা ফাঁকা স্থানে দর্শন এর মাধ্যমে তার উপলব্ধির সূচনা করেন। এছাড়াও সাধক সর্বদা তার পিনিয়াল গ্রন্থি থেকে নিজের আমিত্বের অনুভব করে এবং এমতবস্থায় তৃতীয় চক্ষুর প্রতিনিধিদের স্বরূপ উন্মুক্ত শারীরিক চোখের মাধ্যমে কখনো কখনো অনেক জ্যোতির্ময় ঝলকের ঝিকিমিকি নক্ষত্রখচিত আকাশের মত প্রত্যক্ষ করেন। এইভাবে তিনি আলোকিত বিভিন্ন তরঙ্গের অভিজ্ঞতা অর্জন করেন। যন্ত্রণা থাকবে তবে সাধকের এই বিষয়গুলিকে মনোযোগ না দেওয়ার ব্যাপারে সচেতন থাকা উচিত, যেহেতু এগুলি উচ্চস্তরে পৌঁছানোর পথে মাইলস্টোন ছাড়া আর কিছুই না। প্রকৃতপক্ষে তার গুরুর উচ্চতর আত্মশক্তির দ্বারা পরিচালিত হয়ে ধীরে ধীরে তিনি নিজেকে জানতে পারেন যে সর্বপ্রকার দিব্য অনুভূতি, বিভিন্ন আলোকের বর্ণাঢ্য এবং মহাজাগতিক ধ্বনি প্রভৃতি প্রকৃতপক্ষে নিজস্ব উচ্চতর চেতনার প্রকৃত সার থেকে উদ্ভূত কম্পন ব্যতীত কিছুই নয়। তাই তিনি এই মহাজাগতিক উপলব্ধির সময় উদাসীন থাকেন। এইভাবে ঐরূপ আলোকজ্জলতায় মগ্ন না হয় তিনি তার গুরুর শক্তিশালী মার্গ দর্শন এবং কৃপায় যখন তৃতীয় চক্ষুর চেতনা সহস্রার চক্রে উত্থিত করতে সমর্থ হন, তখন তিনি পরীক্ষামূলকভাবে জ্যোতির্ময় হয়ে ওঠেন এবং তার সর্বব্যাপী ও সর্বকালীন চেতনার অস্তিত্ব অনুভব করতে শুরু করেন। তারপর তার চিরন্তন জ্ঞানচক্ষুর অবস্থান কোন নির্দিষ্ট স্থানে চিহ্নিত করা যায় না বরং তিনি যেখানেই যোগাযোগ করেন সেখানেই এর উপস্থিতি পরিলক্ষিত হয়।

চেতনার এই অবস্থায় জ্যোতির্ময় পুরুষ একত্রে সর্বত্র তার উপস্থিতি উপলব্ধি করেন। মূলত সহস্রধার চক্রের উপলব্ধি ব্যেখার জন্য কোন আপেক্ষিক শব্দ নেই কারণ ওই ব্যক্তি সেই মুহূর্তে চিন্তামুক্ত এবং দৈহিক চেতনা এবং প্রকাশিত ভৌতিকতার পাড়ে অবস্থান করেন। তিনি পরীক্ষামূলকভাবে অদ্বৈতবাদের একাত্মতা উপলব্ধি করেন এবং "আমি সেই আমি" উক্তিটি তার চেতনায় প্রতিধ্বনিত হয়। সহস্রধার চক্রে অবস্থানের পর তিনি নিজেকে শুন্যতার মত বিশাল আকাশ রূপে উপলব্ধি করতে পারেন, যেথায় কিছুই নেই শুধু আছে অস্তিত্বহীনতা এবং তাই এই অবস্থায় তিনি হয় জড় নির্বিকল্প সমাধি অথবা চেতন নির্বিকল্প সমাধি উপভোগ করেন। অসীম শূন্যতা সাথে সংযুক্ত থাকায় তিনি দ্বৈতবাদ এর মাধ্যমে অদ্বৈতবাদী প্রদর্শনের অন্তদৃষ্টি নিয়ে উদাসীনতা সাথে তার কর্তব্য ও পার্থিব ঘটনাবলী পালন করেন। সহস্রধার চক্রে অবস্থানকালে, আত্মসাক্ষাৎকারীর অন্যান্য সাধকের মতো ধ্যান সাধনা করার প্রয়োজন নেই, কারণ তার প্রকৃত আমিত্ব অসীম চেতনাতে বিলীন হয়ে গেছে এবং তাই তিনি অত্যাধিক আনন্দময় অসীম চিদাকাশের অনুভূতি লাভ করেন যেখানে সূর্য চন্দ্র নক্ষত্ররাজি ও অসংখ্য ছায়াপথ প্রতিবিম্বের ন্যায় ভাসমান। এইভাবে তার উদাসীন চোখে তিনি প্রতিবিম্বিত ক্রিয়া রূপে ভৌতিক জগতকে সাক্ষাৎ করেন এবং তাই সাধনা ও ধ্যানের শেষ স্তরটি চেতন নির্বিকল্প সমাধি রূপে মূল প্রকৃতিতে স্থিত থাকার জন্য একটি স্বাভাবিক এবং স্বতঃস্ফূর্ত ঘটনা রূপে প্রতিভাত হয়। যেহেতু তিনি তার প্রকৃত আমিত্বকে অগণিত দৈহিক চেতনাময় আমিত্বের মৌলিক নির্যাসরূপে উপলব্ধি করেছেন এবং কোন ভনিতা বা বিচার করেন না, তাই তিনি প্রত্যেককেও প্রতিটি ঘটনাকে যে রূপে গ্রহণ করতে হয় সে রূপে গ্রহণ করেন। সমস্ত কারণ এবং প্রভাব এর বর্তমান কারণ রূপে তার আমিত্বের চেতনাকে চিহ্নিত করার মাধ্যমে প্রকাশিত ও অপ্রকাশিত ভৌতিক উপস্থিতির দ্বৈতভাবের সাথে সম্পর্কিত সমস্ত জ্ঞানের মৌলিক জ্ঞান দ্বারা সজ্ঞাত দৈবিক চক্ষু তাকে শক্তিশালী করে তোলে। সহস্রধার চক্র স্থিতিশীল অবস্থানের কারণে তার প্রত্যক্ষ জ্ঞানচক্ষু তাকে সম্পূর্ণরূপে এতটাই বিচ্ছিন্ন করে তোলে যে তিনি সংযুক্তি বিচ্ছিন্নতা আভ্যন্তরীণ জগত, বাহ্যিক জগত, বাম, দক্ষিণ, সম্মুখ ও পশ্চাৎ উৎসর্গ, স্থিতিশীলতা প্রভৃতি শব্দের বিভিন্ন অর্থের পার্থক্য করেন না। ফলস্বরূপ একক আমিত্বের প্রত্যক্ষদর্শী চক্ষু নিরবিচ্ছিন্ন শূন্যতার স্বতঃস্ফূর্ত স্বভাববসত একই সাথে পরমস্থিরতা এবং গতিময়তার সাথে তার অস্তিত্বকে সর্বব্যাপী সত্তারূপে উপলব্ধি করেন।

প্রকৃতপক্ষে জ্যোতির্ময় ভাবের এই অবস্থায় আমিস্ব অসীমতার পরম শূন্যতায় বিরাজ করে এবং তাই গতি ও গতিহীনতার পাড়ে থাকায় শারীরিক সীমিত সচেতনতার দ্বারা অনুভূত কোন ব্যাখার কোনো কিছুই তিনি উপলব্ধি করতে পারেন না। সুতরাং ভৌতিক শরীরে থাকা সত্বেও এই ধরনের আত্মজ্ঞানী ব্যক্তি অনেক স্থানে একই সাথে উপস্থিত থাকতে পারেন কারণ বিভিন্ন স্থান এবং ভৌতিকতার পরিবর্তনের অন্তর্গত স্থানের বাইরে থাকায় তার কাছে স্থানগুলো একই স্থান রূপে প্রতিভাত হয়।

কিন্তু সহস্রধার চক্রে অবস্থানকালে সম্পূর্ণ শূন্যময় চেতনায় স্থিত হওয়ায় যেহেতু তিনি পূর্ণরূপে বিচ্ছিন্ন থাকেন তাই তার শারীরিক দায়িত্ব কর্তব্য পালনের ক্ষেত্রে তাকে কঠিনতার সম্মুখীন হতে হয়। কথা বলা, খাওয়া, লেখা ইত্যাদি দৈহিক ক্রিয়া সম্পাদনের জন্য তাকে আজ্ঞা চক্রে নামতে হবে। এছাড়াও সহস্রধার চক্রে জ্যোতির্ময় সত্তারূপী আমিস্ব দীর্ঘ স্থায়িত্ব এর কারণে তার শরীর ছেড়ে চলে যেতে পারে যেহেতু এই চক্রটি চেতনার প্রস্থান পথ। অতিকরুন হৃদয়ে মানবকল্যাণের অভিপ্রায় বশতঃ এই পৃথিবীতে অবস্থানকারী খুব অল্পসংখ্যক আত্মজ্ঞানী তাদের দৈবিক স্পন্দন এবং ক্রিয়ার কলাপের মাধ্যমে বহু নর-নারীকে তাদের কর্ম বন্ধনের ভোগান্তি থেকে উদ্ধার করেন। এইভাবে মানবকল্যাণে ব্রতী হয়ে তিনি সমাধিতে অসীম আনন্দময় আমিস্বকে অনুভব করেন। তাই নির্বিকল্প সমাধিতে থাকার প্রচেষ্টা কোন প্রয়োজন নেই, কারণ তার জ্যোতির্ময় চেতনার প্রকৃত আমিস্ব নিজেই নির্বিকল্প সমাধির তুমি যেখানে নেই সূর্য নেই চন্দ্র নেই কোনও নক্ষত্র এবং না আছে কোনও ভৌতিক শরীর বা মানসিক অভিক্ষেপের অলীক প্রতিফলন।

বিচ্ছিন্নতা তার অস্তিত্বের স্বাভাবিক ও স্বতস্ফূর্ত ঘটনা, তাই তিনি বিভিন্ন ধরনের পার্থিব কর্মের সাথে ভিন্নরূপে ২০০% উপভোগ করেন। তার চিরন্তন আমিস্ব এর এই কালজয়ী ও স্থানহীন চেতনায়, জীবনকে তার শুদ্ধতম রূপে মৃত্যু জন্ম এবং মৃত্যুর মৃত্যু এর প্রবেশের অনুমতি এখানে নেই। তাই যতক্ষণ তিনি তার ভৌত শরীরে অবস্থান করেন কতক্ষণ 13 উদাসীন আমিস্বের চোখ চেতনার অসীম সাগরে ভাসমান বিভিন্ন নাম রূপ এর সাথে বিভিন্ন প্রাণীর সমস্ত ক্রিয়া-কলাপ পর্যবেক্ষণ করে। এখানে সর্বব্যাপী স্থির চক্ষুর একটি গল্প রয়েছে।

একদা এক গ্রামে এক বৃদ্ধা ঠাকুরমা তার একমাত্র ছেলে পুত্রবধূ ও নাতির সাথে খুব সুখে বসবাস করতেন। বাস্তব গুনেই ঠাকুরমা আট বৎসরের

নাটিকে রামায়ণ ও মহাভারতের বিভিন্ন গল্প বলতেন। ছোট্ট নাতি ঠাকুমার কথা খুব বিশ্বাসের সাথে মনোযোগ দিয়ে শুনত। একদিন গল্প সময় ঠাকুরমা তাকে বলল যে ঈশ্বরের তৃতীয় চক্ষু সর্বব্যাপী এবং সেই উন্মুক্ত চোখের পর্যবেক্ষণ থেকে কোন কর্মের কিছুই গোপন করা যায় না। তখন সরল শিশুটি তার ঠাকুমার কাছে জানতে চাইলো- "রাতে ঘুমানোর সময় কি সেই চোখের পলক বন্ধ হয় না"? ঠাকুরমা উত্তরে বললেন, যে জন্ম মৃত্যু রহিত এবং কালজয়ী চক্ষু চিরজাগ্রত অবস্থায় থাকে এবং একই সাথে মানুষের সমস্ত কর্মের সাক্ষী হয়। তার কথায় শিশুসুলভ মন খুব অবাক হয়ে গেল। এর কিছুদিন পর একদা গ্রামের প্রাথমিক বিদ্যালয় থেকে ফেরার সময় সে একটি আম গাছে ঝুলন্ত অনেক পাকা আম দেখতে পেল। উচ্ছ্বসিত হয়ে সে নিকটস্থ ডাল থেকে একটি পাকা আম ছিঁড়ে ফেলল। যখন সে আমটিকে উদারহস্ত করতে উদ্যোগী তখন হঠাৎ তার ঠাকুরমার বলা সেই সাক্ষী চোখের কথা মনে পড়ে গেল। এরপর সরল শিশুটি নিজেকে একটি ঘন ঝোপের মধ্যে লুকিয়ে যখন আমটি প্রায় খেতে যাবে এমন সময় সে দেখল যে সেই চোখ তাকে পর্যবেক্ষণ করছে। সে কিছু গোপন স্থানে গেল কিন্তু সে যেখানেই যায় সেখানেই সে সেই সাক্ষী চক্ষুকে দেখতে পেল। তাই সে তার ঠাকুমার কাছে ছুটে এসে সব কিছু জানাল। ঠাকুরমা কান্নায় ভেঙে পড়লেন এবং তার নাতিকে সবচেয়ে ভাগ্যবান বলে আখ্যায়িত করলেন। এই গল্পের মধ্য একটি চিরন্তন সত্য রয়েছে যে মানুষের সুকর্ম বা অপকর্মের কিছুই অদ্বৈত আমিত্বের সাধারণ চোখের সর্বব্যাপী পর্যবেক্ষণ থেকে লুকানো যাবে না। অতএব আনন্দময় আমিত্বের অনন্ত অতিকারক জীবনদায়ী শক্তির দ্বারা প্রবাহিত হয়ে, পরমাত্মা তার সনির্মিত নাটককে সানন্দিত সারাংশের অসীম আলোকসজ্জা থেকে সম্পূর্ণরূপে বিচ্ছিন্ন দর্শকরূপে উদাসীন চোখে প্রত্যক্ষ করেন।